Michèle Clavier

GUETTER LES SIGNES DE DIEU

Chemin de Noël 2022

Signe

Bonne année ! L'Église tout entière est aujourd'hui soulevée par l'enthousiasme des commencements. Et les rues des villes et villages s'habillent déjà de lumières. Entrer en Avent réjouit chacun de nous : les uns se laissent emporter par la fièvre des réveillons qui s'annoncent, d'autres formulent timidement le souhait de maîtriser leur consommation, d'autres encore -nous- accueillent ce nouveau départ comme proposition de Dieu, comme invitation à revivre l'attente du Sauveur. Car « *Voici que la vierge est enceinte* » (Is 7, 14)…

Notre espérance doit donc se teinter de patience. Et c'est la chance offerte à notre attente : Dieu met à notre disposition le temps de préparer nos cœurs à la venue de son Fils, le temps de nous convertir et de marcher avec persévérance vers la crèche, le temps de goûter sa Parole et de guetter avidement les signes de sa présence à nos côtés. Car Dieu n'est jamais absent, nous ne sommes pas perdus loin de lui. Au contraire, sûrs de notre foi en la présence du Ressuscité, nous attendons sa venue dans la gloire, nous aspirons au bonheur éternel.

Espérance, patience, persévérance

Maranatha ! Maranatha !
Rassure-nous, Seigneur.
Fais briller des signes de ton amour pour tous les hommes.
Offre à notre terre la promesse de ta paix
Fais jaillir en nos cœurs la douceur de ta tendresse…

« Le Christ s'est offert une seule fois
pour enlever les péchés de la multitude ;
il apparaîtra une seconde fois,
non plus à cause du péché,
mais pour le salut de ceux qui l'attendent. »
He 9, 28

« Maranatha, viens, Seigneur Jésus !
Maranatha, viens nous t'attendons.
Ne tarde plus, l'heure est avancée,
Viens, Seigneur, viens ! »
EX 511

DIMANCHE

27 novembre 2022

1er dimanche de l'Avent

Is 2, 1-5
Ps 121
Rm 13, 11-14a
Mt 24, 37-44

Frères, c'est le moment, l'heure est déjà venue de sortir de votre sommeil. La nuit est bientôt finie, le jour est tout proche.

Rm 13, 11-12

Guetter l'aube

Nuit sur le monde, **Seigneur**,
la Terre attend ton **Jour**

Vite ! C'est l'heure ! Comment ne pas se réveiller quand un grand jour approche ? Comment demeurer sourds et endormis quand le Seigneur appelle à veiller son retour ? Debout ! Préparez-vous à la rencontre !

Nous sommes faits pour la lumière, et non programmés pour la nuit. Nous ne supportons les ténèbres que grâce à la promesse du jour. Le soleil se couche chaque soir mais chaque matin revient une aube : l'instant est dense, solennel. Notre attention s'amplifie du grand désir de voir la ligne d'horizon illuminée d'un jour nouveau…

« Tenez-vous prêts » à la venue du Jour, à la victoire de la Lumière.

Guettez : le Seigneur vient, voici que point à l'horizon l'aurore nouvelle de sa grâce.

Priez sans relâche, priez : c'est là qu'Il nous rejoint.

« Peuples qui marchez dans la longue nuit,
le jour va bientôt se lever.
Peuples qui cherchez le chemin de vie,
Dieu lui-même vient vous sauver. »

E 127

Lundi 28 novembre 2022

1re semaine de l'Avent

Is 4, 2-6
Ps 121
Mt 8, 5-11

...Sur toute la montagne de Sion,
sur les assemblées qui s'y tiennent,
le Seigneur créera une nuée pendant le jour et,
pendant la nuit,
une fumée avec un feu de flammes éclatantes.
Et au-dessus de tout,
comme un dais, la gloire du Seigneur.

Is 4, 5

Quelle joie : voici l'Avent.

L'Avent, objet de récupération commerciale, détourné de son sens et trop peu célébré... L'Avent qui, cependant, ne peut être vécu sans la foi.

La foi espère tout, quand elle n'y voit rien.
La foi rend tout possible au Créateur, au Père, au Seigneur qui nous aime.
La foi du Centurion romain permet la guérison du serviteur.
La foi du peuple de Dieu lui permettra de voir la gloire du Très-Haut.
La foi ouvre nos cœurs à l'impossible, à l'imprévu, à l'inouï de Dieu.

Osons lui dire simplement : Je crois en toi, Dieu de gloire, donne-nous ton amour.

La foi espère tout

« Voici la racine de notre espérance,
la certitude qu'au milieu des tribulations du monde
arrive la consolation de Dieu,
une consolation qui n'est pas faite de paroles,
mais de présence,
de la présence de celui qui vient parmi nous. »

François, *Homélie*, 1.12.2019

Mardi 29 novembre 2022

1re semaine de l'Avent

Is 11, 1-10
Ps 71
Lc 10, 21-24

**Un rameau sortira de la souche de Jessé,
père de David,
un rejeton jaillira de ses racines.**
Is 11, 1

Certains s'impatientent et voudraient tout de suite voir le Christ revenir. D'autres préfèrent ignorer cette trop longue attente. Et nous, chrétiens, sommes appelés à aimer cette attente qui nous rappelle que Dieu lui-même est seul maître du temps. C'est un appel à la patience active, appel à ne jamais nous démobiliser mais à faire confiance, à apprendre à attendre (cf. Jc 5, 7-10).

Le prophète Isaïe nous y aide. Son absolue confiance embrasse l'ensemble du temps : il voit le jeune rameau devenir étendard des nations, il voit la paix réalisée entre prédateurs et victimes, il voit la Création rétablie dans sa beauté.

Il faut du temps, il faut de la patience, il faut des artisans de paix, et nous verrons le monde en sa beauté, le monde transformé par la bénédiction de Dieu.

La patience obtient tout

« Voici que le Seigneur viendra,
et tous les saints avec lui;
on verra, ce jour-là, une grande lumière. »
Antienne d'ouverture de la messe
(cf. Za 14, 5.7)

Mercredi 30 novembre 2022

1re semaine de l'Avent
Saint André, apôtre

Rm 10, 9-18
Ps 18 a
Mt 4, 18-22

**Les cieux proclament la gloire de Dieu,
le firmament raconte l'ouvrage de ses mains.**
Ps 18, 2

Le Mystère de l'Incarnation, que nous célébrerons à Noël, scelle l'Alliance éternelle entre le ciel et la terre. Nous accueillerons chez nous, sur cette terre, le Visage de la gloire de Dieu…

Comment ne pas s'en réjouir ? Comment ne pas vouloir lever les yeux, quitter nos préoccupations pour nous rendre disponibles à Celui qui veut nous sauver ?

À l'appel de Jésus, André et ses compagnons ont dit « oui », aussitôt. Ne tardons pas, aujourd'hui, à saisir la main que nous tend le Sauveur, à croire qu'Il nous appelle à vivre pour l'éternité avec lui dans la gloire des cieux.

Les yeux levés au ciel…

« Je lève les yeux vers les montagnes :
d'où le secours me viendra-t-il ?
Le secours me viendra du Seigneur
qui a fait le ciel et la terre. »
Ps 120, 1-2

Jeudi 1er décembre 2022

1re semaine de l'Avent

Is 26, 1-6
Ps 117
Mt 7, 21.24-27

**Ce n'est pas en me disant : "Seigneur, Seigneur !"
qu'on entrera dans le royaume des Cieux,
mais c'est en faisant la volonté de mon Père
qui est aux cieux.**
Mt 7, 21

Peuple de la Nouvelle Alliance, nous n'avons plus de crainte : Jésus est venu nous révéler l'amour du Père.

Père, ce nom qui dit toute la proximité de la miséricorde, tout l'amour dont nous sommes aimés… Mais personne n'est aimé contre son gré : il nous faut consentir à l'Autre, et nous abandonner à la Tendresse.

Le chemin vers la crèche est un chemin spirituel à creuser en nos cœurs pour que l'amour du Père y établisse sa demeure et transfigure en Joie la grisaille des jours.

Le cœur ouvert à l'Autre

« Ah ! Si tu déchirais les cieux, si tu descendais,
les montagnes seraient ébranlées devant ta face. »
Is 63, 19

Vendredi 2 décembre 2022
1re semaine de l'Avent

Is 29, 17-24
Ps 26
Mt 9, 27-31

J'en suis sûr, je verrai les bontés du Seigneur sur la terre des vivants.
Ps 26, 13

Christ est venu, Christ est là, mais Le voyons-nous ? À quoi Le reconnaissons-nous ? Sommes-nous avides de miracles et de sensationnel ? Ou prêts à toute crédulité naïve ?

Non. L'Avent offre le temps de mettre en éveil tous nos sens. Alors, nous entendrons la parole du prophète, l'assurance de sa foi. Alors nous ferons nôtres les mots que chante le psalmiste. Alors nous pourrons voir Celui qui ne se montre qu'aux cœurs nouveaux habités par la foi, qu'aux yeux désireux de Le rencontrer en chacun.

Christ est là, en toute la Création, en tout homme ou femme à aimer. Si nos yeux sont aujourd'hui empêchés de Le reconnaître, supplions-Le d'un cœur sincère : Prends pitié de moi, Seigneur, accorde-moi la foi.

Comment Le reconnaître ?

Signes par milliers, traces de ta gloire,
Signes par milliers, Dieu dans notre histoire.
Signes par milliers, traces de ta gloire,
Signes par milliers, Dieu dans notre histoire.
Signes par milliers TK 226

Samedi 3 décembre 2022

1re semaine de l'Avent
Saint François-Xavier

Is 30, 19-21.23-26
Ps 146
Mt 9, 35 – 10, 1.5a.6-8

**Il est bon de fêter notre Dieu,
il est beau de chanter sa louange !**
Ps 146, 1

Le beau mot de « reconnaissance » a, en français, deux significations. Il peut s'agir du travail de la mémoire, qui permet de savoir qu'un objet nous était déjà familier. Mais le terme exprime aussi la gratitude, l'expression d'un « merci » pour une parole, une attitude, quelque bienfait reçu.

La *gratitude* est importante dans l'existence des baptisés : la messe, par exemple, est notre grand *merci* à Dieu qui nous sauve par son Fils. À sa *grâce*, répond notre *action de grâce*, notre eucharistie. Tout est ici de l'ordre de l'amour qui ne se marchande jamais. La *gratuité* dont parle Jésus dans l'Évangile (« Vous avez reçu gratuitement : donnez gratuitement »), *la gracieuseté* de l'Enfant de la crèche, caractérisent Dieu. Et puisqu'Il fait de nous ses enfants bien-aimés, tâchons de lui ressembler. Qu'il nous soit agréable de chanter sa louange et de partager à nos frères sa promesse de Vie.

Être reconnaissants

Aujourd'hui, Seigneur, saurai-je entendre ta Parole ?
Saurai-je reconnaître les signes de ta paix,
de ton amour ?
Saurai-je t'en remercier ?

DIMANCHE
4 décembre 2022
2e dimanche de l'Avent

Is 11, 1-10
Ps 71
Rm 15, 4-9
Mt 3, 1-12

Celui qui vient derrière moi est plus fort que moi, et je ne suis pas digne de lui retirer ses sandales. Lui vous baptisera dans l'Esprit Saint et le feu.

Mt 3, 11

Guetter
Celui qui vient

Malheurs en notre monde, **Seigneur**,
la Terre quête ta **justice**

Nous le croyons, nous le chantons : « *…pour sauver son peuple, Dieu va venir… Il faut préparer la route au Seigneur !* » (Aube nouvelle E 130). En effet, le salut espéré des prophètes est accompli par la Pâque du Seigneur, mais il doit chaque jour se frayer un chemin entre les cœurs trop endurcis, les cris des malheureux, l'arrogance des nantis.

Parce qu'Il est miséricorde, Dieu jamais n'abandonne les hommes. Et ces jours qui précèdent Noël nous offrent l'opportunité d'une joyeuse conversion. Demeurons aux aguets en désirant « Celui qui vient » : aujourd'hui Il nous fait signe, par un geste de paix, une parole de pardon, une visite d'amis. Aujourd'hui Il se manifeste déjà sur tout visage témoignant de son amour. Aujourd'hui, sommes-nous au rendez-vous ?

« R:/ Le Christ va se manifester parmi nous,
Celui qui est, qui était et qui vient,
Dieu parmi nous va dresser sa tente.

1 - La parole qui donne la paix a déjà retenti,
Le salut annoncé est au milieu de nous !
Que la discorde et la haine s'éloignent de nos cœurs,
Que l'amour du Christ notre Seigneur les habite ! »

Le Christ va se manifester parmi nous E 504

Lundi 5 décembre 2022

2e semaine de l'Avent

Is 35, 1-10
Ps 84
Lc 5, 17-26

**Tous furent saisis de stupeur
et ils rendaient gloire à Dieu.
Remplis de crainte, ils disaient :
« Nous avons vu des choses extraordinaires
aujourd'hui ! »
Lc 5, 26**

Jésus a souvent été provoqué par les chefs religieux de son temps qui voulaient le surprendre en flagrant délit de blasphème. Évidemment, les foules étant toujours avides de sensationnel, Jésus voyait sa véritable mission confrontée à ce risque d'interprétation erronée de ses actes. On ne lui reconnaît pas le droit de pardonner les péchés mais on l'applaudit quand il relève un paralysé…

Le Sauveur que Dieu nous donne a payé de sa vie le renouveau des cœurs. Non, il n'est pas venu éblouir ses contemporains de ses talents de thaumaturge. Non, la gloire de Dieu ne se mesurera jamais en nombre de *like* ou de *tweets* percutants. Non, Il n'est pas à chercher dans l'extraordinaire, Il est à trouver dans l'ordinaire de nos jours transfigurés par son amour.

Non à l'extraordinaire

« J'écoute : que dira le Seigneur Dieu ?
Ce qu'il dit, c'est la paix
pour son peuple et ses fidèles. »
Ps 84, 9

Mardi 6 décembre 2022

2ᵉ semaine de l'Avent
Saint Nicolas

Is 40, 1-11
Ps 95
Mt 18, 12-14

Votre Père qui est aux cieux ne veut pas qu'un seul de ces petits soit perdu.
Mt 18, 14

Elle est touchante, cette histoire de la brebis égarée à laquelle Jésus invite ses disciples à réfléchir. Touchante, mais pas avilissante : Jésus veut juste révéler la grandeur de l'Amour dont nous sommes aimés, un amour attentif aux petits, un amour qui rejoint et chérit les plus pauvres, qui dit la puissance révolutionnaire de la tendresse.

C'est de cette manière que le Seigneur vient à nous : « À Bethléem, il n'y a rien de grand : juste un pauvre enfant emmailloté, entouré de bergers. Et c'est là qu'est Dieu, dans la *petitesse*. Voici le message : Dieu ne chevauche pas dans la grandeur, mais descend dans la petitesse. » (François, *Homélie*, nuit du 24 décembre 2021).

Oui à la tendresse

« Il est déjà venu, en assumant l'humble condition de notre chair,
pour accomplir l'éternel dessein de ton amour
et nous ouvrir à jamais le chemin du salut ;
il viendra de nouveau, revêtu de sa gloire,
afin que nous possédions dans la pleine lumière
les biens que tu nous as promis
et que nous attendons en veillant dans la foi. »
1ère Préface de l'Avent (extrait)

Mercredi 7 décembre 2022

2e semaine de l'Avent
Saint Ambroise

Is 40, 25-31
Ps 102
Mt 11, 28-30

Ceux qui mettent leur espérance
dans le Seigneur trouvent des forces nouvelles ;
… ils courent sans se lasser,
ils marchent sans se fatiguer.
Is 40, 31

Nous voudrions voir Jésus. Nous aimerions rencontrer Dieu. Nous cherchons des preuves auxquelles nous raccrocher quand tout va mal, nous voulons des signes pour étayer notre témoignage, pour donner corps à notre foi quand elle vacille… Nous voulons une lueur dans les ténèbres d'un monde angoissé et inquiet…

« Levez les yeux et regardez » (Is 40, 26). Le Seigneur, toujours, se penche sur la Terre. Et Il s'offre à chacun pour lui prodiguer sa consolation. Nous savons où Le rencontrer, si nous le voulons bien : méditer chaque jour sa Parole, se mettre en sa présence dans le silence, aller visiter un malade ou un prisonnier, être au rendez-vous de ses passages sur nos chemins… « Il viendra, le Seigneur, pour sauver son peuple. Heureux ceux qui seront prêts à partir à sa rencontre ! » (Verset alleluiatique de la messe).

Ne cherchez pas ailleurs…

Ubi caritas et amor,
ubi caritas, Deus ibi est.
(Taizé)

Jeudi 8 décembre 2022

2e semaine de l'Avent
Immaculée Conception de la Vierge Marie

Gn 3, 9-15.20
Ps 97
Ep 1, 3-6.11-12
Lc 1, 26-38

Dieu a voulu que nous vivions
à la louange de sa gloire,
nous qui avons d'avance espéré dans le Christ.
Ep 1, 12

Marie est la « Comblée-de-grâce », mais sa mission n'en est pas pour autant plus facile. Et son acquiescement à l'annonce de l'ange suppose, comme pour nous, un grand saut dans le vide de la foi. L'exemple que Marie nous donne est précisément là : à elle aussi, à elle plus encore, il est demandé de croire et d'être au service du dessein de Dieu.

Fêter Marie en cet Avent est une chance et une responsabilité, car il s'agit pour nous de suivre le chemin qu'elle nous trace. Marie nous conduit toujours à son fils et nous aide à être conformes au projet de Dieu pour nous : espérer, croire à l'impossible, et chanter la gloire de Dieu.

Entre l'annonce de Gabriel et le chant des anges dans le ciel de Bethléem, rendons grâce pour cet espace-temps de l'Avent qui nous fait cheminer, pas à pas, dans la foi, vers Jésus.

…Marie nous montre le chemin

« Voici l'aurore avant le jour,
Voici la mère virginale,
La femme promise au début des âges.
Elle a bâti sa demeure
Dans les vouloirs du Père. »
Hymne, *Liturgie des Heures*

Vendredi 9 décembre 2022

2e semaine de l'Avent

Is 48, 17-19
Ps 1
Mt 11, 16-19

Heureux est l'homme qui n'entre pas
au conseil des méchants,
+ qui ne suit pas le chemin des pécheurs, …
mais se plaît dans la loi du Seigneur
et murmure sa loi jour et nuit !
Ps 1, 1-2

« Heureux ». Ce premier mot de tout le Psautier dit à lui seul ce que Dieu veut pour ses enfants. À maintes reprises, Il les a suppliés de choisir la voie du bien et du bonheur, de se détourner du mal et du malheur… Il les a avertis : « Cessez de faire le mal. Apprenez à faire le bien » (Is 1, 16-17). Mais Il constate que ses conseils restent vains…. « Si seulement tu avais prêté attention à mes commandements, ta paix serait comme un fleuve, ta justice, comme les flots de la mer. » (Is 48, 18).

Et Il nous dit la même chose aujourd'hui, car nous ne prêtons pas suffisamment attention à sa Parole… Nous courons après un bonheur hypothétique et fragile, nous exigeons, comme des enfants capricieux, des plaisirs immédiats… Le Seigneur, lui, nous ouvre l'éternité.

Oui, d'une certaine manière, le vrai bonheur nous est offert « sous condition », parce que Dieu nous aime libres, Il nous laisse même la liberté de nous perdre… Il est temps de réajuster notre vie. L'Avent est le temps favorable pour revenir sur le bon chemin en suivant la lumière qui grandit à l'horizon, la lumière de la crèche.

Bonheur sous condition

Heureux celui que le Christ, à son retour,
Trouvera joyeux au service de l'Amour !

R/ Demeurez prêts,
Veillez et priez
Jusqu'au jour de Dieu.
E 220

Samedi 10 décembre 2022

2e semaine de l'Avent

Si 48, 1-4.9-11
Ps 79
Mt 17, 10-13

Jamais plus nous n'irons loin de toi : fais-nous vivre et invoquer ton nom !
Ps 79, 19

Nous sommes des enfants. Toujours prompts à dire qu'on ne recommencera plus, mais oubliant bien vite cet engagement. Et pour autant, dès qu'un problème surgit, nous supplions : « Dieu de l'univers, reviens ! », Seigneur, ne nous laisse pas tomber ! Même si nous avons mal fait, prends pitié, viens nous sauver !

Dans son Alliance avec l'humanité, dans sa grande miséricorde, Dieu, en son Fils, revient toujours nous tendre la main. Mais puisque l'amour, et lui seul, peut ainsi pardonner et faire vivre, ne doit-il pas être réciproque ? Nous ne pouvons aimer autant que Dieu, mais Lui-même ne peut donner son amour qu'aux cœurs qui le désirent et lui demeurent fidèles.

Promesse à tenir

« Il se peut qu'il nous arrive de marcher
sur des sentiers éloignés de Dieu…
Dans ces moments difficiles,
nous pouvons encore trouver la force de prier,
en recommençant par le mot « Père »,
mais dit avec le sens tendre d'un enfant: « Abba », « Papa ».
Il ne nous cachera pas son visage.
…Il ne se fermera pas dans le silence.
Tu lui dis « Père » et il te répondra. »

François, *Catéchèse*, 16.01.2019

DIMANCHE
11 décembre 2022
3e dimanche de l'Avent
Dimanche de Gaudete

Is 35, 1-6a.10
Ps 145
Jc 5, 7-10
Mt 11, 2-11

Soyez toujours dans la joie du Seigneur
Je le redis: soyez dans la joie.
Le Seigneur est proche.
Antienne d'ouverture de la messe
Ph 4,4.5

Ceux qu'a libérés le Seigneur reviennent,
ils entrent dans Sion
avec des cris de fête,
couronnés de l'éternelle joie.
Allégresse et joie les rejoindront, douleur et plainte s'enfuient.
Is 35, 10

Guetter le Messager

Espoirs déçus en notre monde, **Seigneur,**
la Terre guette ton **salut**

Israël a longtemps attendu le Messie promis. Et souvent, les épreuves contrariaient ses espoirs… Pourtant les prophètes renouvelaient sans cesse l'appel à revenir vers Dieu, à suivre son chemin pour ne plus connaître d'épreuves. La fidélité permettrait alors de voir un jour la Promesse réalisée, Isaïe l'annonçait, et Jean le Baptiste fut le dernier messager choisi, appelant à « préparer le chemin du Seigneur ».

Des prophètes parlent encore aujourd'hui mais leur voix est souvent dépassée par le brouhaha médiatique, les porteurs de *fake news*, les beaux parleurs ne cherchant que leur propre intérêt. Dieu nous donne pourtant des signes du salut toujours possible : l'attention aux plus délaissés, le respect de la Création, la joie des familles unies dans l'amour… Mais nous avons tendance à ne voir que ce qui s'y oppose et qui décrébilise la foi en la présence de Dieu aux préoccupations des hommes…

Aide-moi, Seigneur, à guetter tous les signes de ta venue
Fais de moi le témoin joyeux de ta Parole, le messager courageux de ta Joie.

La couronne de l'Avent, qui consiste à allumer successivement, d'un dimanche à l'autre, les quatre cierges, jusqu'à Noël, contribue à raviver la mémoire des différentes étapes de l'histoire du salut antérieure au Christ, et elle symbolise la lumière des prophéties qui tout au long de l'histoire illuminèrent la nuit de l'attente du peuple de Dieu, jusqu'à l'apparition du Soleil de Justice (cf. Ml 3, 20 ; Lc 1, 78).

Directoire sur la piété populaire et la liturgie § 98

Lundi 12 décembre 2022

3e semaine de l'Avent
Notre-Dame de Guadalupe

Nb 24, 2-7.15-17a
Ps 24
Mt 21, 23-27

**Un astre se lève, issu de Jacob,
un sceptre se dresse, issu d'Israël.**
Nb 24, 17

Il suffirait d'un signe…

En communion avec les chrétiens américains
fêtant la Vierge de Guadalupe,
demandons son intercession pour tous les hommes :
puisque Noël approche,
que le Seigneur conduise tous les hommes à sa lumière.

Tout est possible à Dieu et, par amour, Il sait toucher les cœurs endurcis, Il veut se révéler même à ceux qui se tiennent loin de lui. Son amour, nous sommes souvent tentés de l'exiger, et c'est surtout lorsque tout va mal que nous implorons son secours : « *Dans ton amour, ne m'oublie pas… !* » (Ps 24). Et le Seigneur n'oublie aucun de ses enfants.

Tous, cependant, ne prêtent pas attention à sa voix. Peu nombreux sont ceux qui « voient ce que le Puissant leur fait voir ». Mais si la foi ouvre nos oreilles, si la confiance décille nos yeux, si nous acceptons de prendre un peu de distance avec nos priorités égoïstes, il est là : un astre, du ciel, nous fait signe. Une étoile nous conduit. Une parole nous accompagne en chemin.

Vivre l'Avent, c'est marcher à la rencontre du Seigneur sans bien distinguer l'horizon mais en étant guidé par l'Amour.

Mardi 13 décembre 2022

3e semaine de l'Avent
Sainte Lucie

So 3, 1-2.9-13
Ps 33
Mt 21, 28-32

**Je rendrai pures les lèvres des peuples
pour que tous invoquent le nom du Seigneur
et, d'un même geste, le servent.**
So 3, 9

Ne sommes-nous pas parfois comme des enfants égoïstes et exigeants ? Sommes-nous capables de penser, en premier lieu, à louer le Seigneur ? Il nous faudrait toujours commencer par la louange, danser pour notre salut, sauter de joie pour témoigner de notre foi.

Oui, « que les pauvres m'entendent et soient en fête ! ».

Je sais, Seigneur, que tu nous aimes,

que tu peux consoler et guérir les personnes que je te confie.

Je sais que, dans nos nuits, se lève ta Lumière.

Il nous faudrait chanter !

Ô viens, Jésus, tracer notre chemin,
Visite-nous, Étoile du matin ;
Au fond de nos regards fais monter
L'éclat soudain du jour d'éternité.
Chantez, chantez, il vient à notre appel,
combler nos cœurs, Emmanuel.
E 147

Mercredi 14 décembre 2022

3e semaine de l'Avent
Saint Jean de la Croix

Is 45, 6b-8.21b-25
Ps 84
Lc 7, 18b-23

Cieux, distillez d'en haut votre rosée,
que, des nuages, pleuve la justice,
que la terre s'ouvre, produise le salut,
et qu'alors germe aussi la justice.
Is 45, 8

« Comme il est important d'apprendre *l'art d'attendre le Seigneur* ! L'attendre avec douceur, avec confiance, en chassant les fantômes, les fanatismes et les clameurs ; en gardant, surtout dans les moments d'épreuve, un silence chargé d'espérance », dit François (*Homélie*, 4.11.2021). Oui, « Il est bon d'espérer en silence le salut du Seigneur » (Lam 3,26). Alors, demandons au Seigneur cette force de l'espérance, la force de la confiance et de la patience… Car, poursuit le Saint Père, le chrétien « garde les yeux tournés vers le Ciel » tout en ayant « les mains tendues vers la terre, pour servir concrètement son prochain ».

Demandons, recevons l'espérance du ciel !

L'espérance vient du ciel

Cieux, répandez votre justice, que des nuées descende le Salut !
Regarde, Seigneur, l'abattement de ton Peuple, et envoie Celui qui doit venir !
Envoie l'Agneau souverain de l'Univers,
du Rocher du désert jusqu'à la montagne de la Fille de Sion,
et qu'Il nous délivre du joug de nos péchés !
Cieux, répandez votre justice, que des nuées descende le Salut !
Cieux, répandez votre justice (Rorate caeli) E 554

Jeudi 15 décembre 2022

3e semaine de l'Avent

Is 54,1-10
Ps 29
Lc 7, 24-30

Même si les montagnes s'écartaient,
si les collines s'ébranlaient,
ma fidélité ne s'écarterait pas de toi,
mon alliance de paix ne serait pas ébranlée,
– dit le Seigneur, qui te montre sa tendresse.
Is 54, 10

À la différence d'Israël, nous sommes le Peuple de la Nouvelle Alliance. Nous n'attendons plus le Messie, puisqu'il est déjà venu et a offert sa vie pour nous sauver. Nous nous tenons prêts pour son retour en gloire, sa Parousie, mais cette préparation prend appui sur Lui, notre Rocher (Ps 41), notre Salut.

Jésus est venu donner corps à la Promesse, sceller l'Alliance irréversible et éternelle entre Dieu et les hommes, entre le ciel et la terre.

Dieu notre Père, affermis encore notre espérance en ton amour pour que nous vivions les fêtes de Noël dans la douce joie de ta Présence
et que nous aidions nos frères à en découvrir le Visage en Jésus, ton Enfant.

L'espérance est sûre

Il vient, celui que les peuples désirent !
La maison du Seigneur va resplendir de gloire !
Office divin

Vendredi 16 décembre 2022

3e semaine de l'Avent

Is 56, 1-3a.6-8
Ps 66
Jn 5, 33-36

Les œuvres mêmes que je fais témoignent que le Père m'a envoyé.
Jn 5, 36

Celui dont nous célébrons la venue à Noël est le Fils de Dieu, l'Envoyé du Père, ce que ne voulaient pas admettre les Juifs… Jésus a tenté d'éveiller leur conscience en faisant référence à ce que leur avait dit Jean-Baptiste, mais il n'y est pas parvenu.

Et nous ? Savons-nous reconnaître aujourd'hui les œuvres du Père ? Sa présence agissante dans le monde, dans les cœurs, dans nos vies ? Sommes-nous attentifs au témoignage de celles et ceux qui se mettent au service des plus pauvres et qui, sans éclat, rendent gloire par leur vie au Dieu vivant ?

À l'approche de Noël, prenons le temps de méditer sur notre propre salut et celui de tous les hommes. Essayons d'en voir les signes. Réveillons en nos cœurs le désir du Sauveur.

Les œuvres de Dieu

Le secours me viendra du Seigneur
qui a fait le ciel et la terre.
Ps 120, 2

Samedi 17 décembre 2022

Semaine avant Noël

Gn 49, 1-2.8-10
Ps 71
Mt 1, 1-17

'Assemblez-vous ! Je veux vous dévoiler
ce qui vous arrivera dans les temps à venir.
Rassemblez-vous, écoutez.' …
Gn 49, 1

Le plus grand signe de son amour que Dieu nous donne, c'est sa Parole : Parole fidèlement adressée à son peuple pour le guider dans l'espérance, Parole devenue chair en Jésus, Messie, Fils de David ; Parole qui nous est toujours offerte aujourd'hui : Jésus est le Verbe de Vie.

La Parole de Dieu

« Vraiment, il est juste et bon, pour ta gloire et notre salut,
de t'offrir notre action de grâce, toujours et en tout lieu,
Seigneur, Père très saint, Dieu éternel et tout-puissant,
par le Christ, notre Seigneur.
Il est celui que tous les prophètes avaient annoncé,
celui que la Vierge Mère attendait dans le secret de son amour,
celui dont Jean Baptiste a proclamé la venue et manifesté la présence.
C'est lui qui nous donne la joie d'entrer déjà dans le mystère de Noël,
pour qu'il nous trouve, quand il viendra,
vigilants dans la prière et remplis d'allégresse. »
2e Préface de l'Avent

DIMANCHE
18 décembre 2022
4e dimanche de l'Avent

Is 7, 10-16
Ps 23
Rm 1, 1-7
Mt 1, 18-24

Le Seigneur lui-même
vous donnera un signe :
Voici que la vierge est
enceinte,
elle enfantera un fils,
qu'elle appellera
Emmanuel (c'est-à-dire :
Dieu-avec-nous).
Is 7, 14

Guetter la présence de l'Emmanuel

Inquiétude en notre monde, **Seigneur,**
la Terre cherche ton **Visage**

La naissance de Jésus-Christ a bouleversé l'Histoire (siècles désormais présentés en « avant J C » ou « après J C ») et cependant, pour beaucoup de nos contemporains, elle a bien peu d'importance. Si le prénom Emmanuel / le est répandu, il est relativement rare que des parents l'aient choisi pour sa véritable signification : « Dieu-avec-nous ».

Pour beaucoup, cette présence de Dieu avec nous n'a plus rien d'inouï. La foi, elle, nous dit la grandeur du Mystère. Dieu ne pouvait pas donner de plus grand signe de son amour qu'en prenant notre chair, en se montrant fragile et vulnérable dans le corps d'un Bébé. Parvenons-nous à Le reconnaître ? À Le voir en chaque personne fragile, vulnérable, humiliée, exclue ?

Dieu nous fait signe, toujours. Mais depuis qu'Il s'est fait homme il n'est plus d'autres signes à attendre que nos frères les plus pauvres en quête de consolation.

Je cherche le visage, le visage du Seigneur
Je cherche son image tout au fond de vos cœurs.
SM 002

Lundi 19 décembre 2022

Semaine avant Noël

Jg 13, 2-7.24-25a
Ps 70
Lc 1, 5-25

**Pendant cinq mois, Élisabeth garda le secret.
Elle se disait :
'Voilà ce que le Seigneur a fait pour moi,
en ces jours où il a posé son regard
pour effacer ce qui était ma honte devant les hommes'.
Lc 1, 24-25**

Dans ta miséricorde, Seigneur,
tu as pris en pitié Élisabeth et Zacharie.

Pour leur bonheur, pour leur salut,
tu as bien voulu leur donner un fils,

Jean, le nom de ta grâce.

Avec Jean nous te prions en ce jour :

Entends la prière de celles et ceux
qui te confient leur désir d'enfant.

Permets que chaque enfant puisse grandir en paix,
en famille, entouré d'affection.

Ouvre les cœurs à ta promesse,
remplis-les de joie, d'allégresse !

Tu es notre espérance aujourd'hui et toujours.

« Jean » : Dieu fait grâce

« Par le signe merveilleux de la Vierge qui enfante,
tu as fait connaître au monde,
Seigneur, la splendeur de ta gloire ;
aide-nous à célébrer le mystère de l'incarnation
avec une foi sans défaut et dans l'obéissance du cœur. »
Office divin

Mardi 20 décembre 2022

Semaine avant Noël

Is 7, 10-14
Ps 23
Lc 1, 26-38

Sois sans crainte, Marie,
car tu as trouvé grâce auprès de Dieu.
Voici que tu vas concevoir et enfanter un fils ;
tu lui donneras le nom de Jésus.
Lc 1, 30-31

Passent, passent les jours…

Et bien souvent,
nous restons enfermés
dans les soucis du quotidien,

nous n'osons même plus espérer
un Sauveur…

Mais, pourrions-nous tenir debout
sans relever la tête ?

Saurions-nous par nous-mêmes
où trouver le bonheur ?

Dieu lui-même est notre secours,
et du ciel vient notre salut.

Il nous faut accepter
que cet Autre nous redonne vie :

en Jésus, Il nous sauve,
Il nous aime, à jamais.

« Jésus » : Dieu sauve

Que ta grâce, Seigneur notre Père,
se répande en nos cœurs :
par le message de l'ange,
tu nous as fait connaître l'incarnation de ton Fils bien-aimé,
conduis-nous par sa passion et par sa croix
jusqu'à la gloire de la résurrection.
Lui qui règne pour les siècles des siècles.
Angelus

À quelques jours de Noël, notre supplication se fait plus insistante. Durant 7 jours (du 17 au 23 décembre), avec les antiennes du Magnificat commençant par Ô, nous invoquons à l'Office de Vêpres la venue du Christ en le désignant par différents « titres » christologiques. La symbolique du chiffre 7 rappelle la Création en 7 jours et, par suite, ces 7 antiennes préfigurent la nouvelle Création en Jésus Christ. Par ailleurs, lues en acrostiche, les premières lettres de ces titres christologiques composent dans l'un et l'autre sens (de bas en haut et de haut en bas) deux affirmations : ERO CRAS (« Je serai demain ») / SARCORE (« À l'heure de la chair »).

(17 décembre) Ô Sapientia, Ô Sagesse de la bouche du Très-Haut…
(18 décembre) Ô Adonaï, Ô Chef de ton peuple Isaraël…
(19 décembre) Ô Radix Jesse, Ô Rameau de Jessé, étendard dressé à la face des nations…
(20 décembre) Ô Clavis David, Ô Clef de David, ô Sceptre d'Israël…
(21 décembre) Ô Oriens, Ô Soleil levant, splendeur de justice et lumière éternelle…
(22 décembre) Ô Rex gentium Ô Roi de l'univers, Ô Désiré des nations…
(23 décembre) Ô Emmanuel, notre Législateur et notre Roi, espérance et salut des nations, viens, Seigneur, viens nous sauver !

Les trois dernières antiennes citent surtout le Nouveau Testament, alors que les quatre premières se réfèrent à l'Ancien Testament : les promesses de la Première Alliance, tournées vers un demain, s'éclairent à la lumière de la Nouvelle Alliance, lorsque le Christ sera.

Viens, Seigneur, viens nous sauver !

« Le Seigneur se plaît avec ceux … qui espèrent son amour. »
Ps 146, 11

Mercredi 21 décembre 2022

Semaine avant Noël
Saint Pierre Canisius

So 3, 1-2.9-13
Ps 33
Mt 21, 28-32

**Ne crains pas, Sion ! …
Le Seigneur ton Dieu est en toi,
c'est lui, le héros qui apporte le salut.
Il aura en toi sa joie et son allégresse,
il te renouvellera par son amour ;
il exultera pour toi et se réjouira,
comme aux jours de fête.**

So 3, 16-18

Nous voici, Seigneur,
impatients comme des enfants,
pressés de faire la fête, de chanter, de danser avec toi !
Nous voici en quête de ta venue,
pour t'adorer, te contempler…
Nos cœurs sont déjà largement ouverts à la joie
qui balaie la tristesse et transfigure nos vies…
Voici Noël, garde-nous dans l'espérance,
viens, Seigneur, nous t'attendons !

Cœurs en fête

« Le cœur de l'homme désire la joie.
Nous désirons tous la joie, toutes les familles,
tous les peuples aspirent au bonheur.
Mais quelle est la joie dont le chrétien
est appelé à vivre et témoigner?
C'est celle qui vient de la proximité de Dieu,
de sa présence dans notre vie. »

François, *Angelus*, 14.12.2014

Jeudi 22 décembre 2022
Semaine avant Noël

1 S 1, 24-38
Cantique 1 S 2
Lc 1, 46-56

**Mon cœur exulte à cause du Seigneur ;
mon front s'est relevé grâce à mon Dieu !
Face à mes ennemis, s'ouvre ma bouche :
oui, je me réjouis de ton salut !**
1 S 2, 1

Pour mes frères et sœurs, pour tous les miens,
pour la grande famille humaine,
Seigneur Jésus, je me réjouis déjà de ton salut.
Tu viens révéler aux plus pauvres la puissance de ton amour.
Emmène-moi à leur rencontre pour que je les guide vers Toi
et que chacun puisse goûter la joie de ta Présence,
toi qui es venu, qui viens, qui viendras.

Je me réjouis de ton salut

*Ô ma joie et mon espérance, le Seigneur est mon chant.
C'est de lui que vient le pardon ;
En lui j'espère, je ne crains rien.
En lui j'espère, je ne crains rien.*
(Taizé)

Vendredi 23 décembre 2022

Semaine avant Noël

Ml 3, 1-4.23-24
Ps 24
Lc 1, 57-66

**Le messager de l'Alliance que vous désirez,
le voici qui vient,
– dit le Seigneur de l'univers.**
Ml 3, 1

Béni sois-tu, Seigneur, pour ton Église :

elle me conduit vers toi, elle m'offre ta Parole,

elle invite les hommes à partager ton Pain.

Sentinelle d'espérance dans la nuit de notre monde,

elle me donne des frères à aimer,

elle m'aide à croire en ton Royaume
dont la lumière point déjà à l'horizon…

Sûr(e) de ta promesse je m'avance déjà au-devant de ta Joie.

Je suis sûr(e) de ta promesse

Debout ! Le Seigneur vient !
L'espérance nouvelle entre à flots dans nos vies.
Son mystère féconde un silence de foi.
Purifions-nous.
Hymne, *Liturgie des Heures*

Samedi 24 décembre 2022

Messe du matin

2 S 7, 1-5.8b-12.14a.16
Ps 88
Lc 1, 67-79

**Toi aussi, petit enfant, tu seras appelé prophète du Très-Haut ;
tu marcheras devant, à la face du Seigneur,
et tu prépareras ses chemins
pour donner à son peuple de connaître le salut
par la rémission de ses péchés,
grâce à la tendresse, à l'amour de notre Dieu,
quand nous visite l'astre d'en haut…**
Lc 1, 76-78

À la naissance de Jean Baptiste, Zacharie, son père, bénit le Seigneur.

Il lui rend grâce pour ce petit enfant qui sera prophète du Très-Haut, qui fera connaître aux hommes le salut, la tendresse de Dieu.

Ne sommes-nous pas appelés, aujourd'hui, à annoncer le même message ?

Puisque nous connaissons le Visage du salut, puisque nos cœurs voient la Tendresse, n'est-ce pas notre devoir d'en éclairer le monde ?

Avec la foi de Zacharie, accueillons l'Esprit Saint, qu'Il nous mène à la crèche et conduise nos pas pour annoncer la paix.

Prophètes

*Prophète du Seigneur, lève-toi parmi tes frères !
Debout comme un veilleur, tu annonces la lumière.
Ton étoile dans la nuit est témoin du jour qui luit.
Fais lever le soleil, notre terre attend l'aurore ;
Fais lever le soleil, notre vie promet d'éclore !*
T 158

Samedi 24 décembre 2022, soir

Nuit de Noël

Is 9, 1-6
Ps 95
Tt 2, 11-14
Lc 2, 1-14

La grâce de Dieu s'est manifestée pour le salut de tous les hommes.
Tt 2, 11

Témoins

Nous célébrons la venue du Sauveur,
nous chantons pour la joie du monde !
À ceux qui désiraient sa Présence,
Dieu se donne, Dieu se montre.
Mais c'est sous les traits d'un tout petit Enfant,
sous les traits d'un Bébé,
sous le signe de l'humilité que le Très-Haut, cette nuit, se révèle.
Fragile, vulnérable, en quête de chaleur et d'amour…
Et les premiers témoins de sa venue, autour de Marie et Joseph,
sont les humbles bergers de Bethléem :
les invisibles de la société sont les premiers à voir de leurs yeux
l'Enfant-Dieu.
Nous voici appelés à la même pauvreté,
à devenir témoins de Celui qui, pour nous, se fait Pauvre.

Peuple fidèle,
Le Seigneur t'appelle :
C'est fête sur terre,
Le Christ est né.
Viens à la crèche
Voir le roi du monde.

En lui viens reconnaître,
En lui viens reconnaître,
En lui viens reconnaître,
Ton Dieu, ton Sauveur.

F 5

Dimanche 25 décembre 2022
Jour de Noël

Is 52, 7-10
Ps 97
He 1, 1-6
Jn 1, 1-18

À la fin, en ces jours où nous sommes,
Dieu nous a parlé par son Fils
qu'il a établi héritier de toutes choses
et par qui il a créé les mondes.
Rayonnement de la gloire de Dieu,
expression parfaite de son être...
He 1, 2-3

Venez, adorez, proclamez !

« C'est mon dernier mot », nous dit Dieu en ce jour.
« C'est ma Parole, c'est tout mon amour.
C'est le Visage de ma tendresse,
c'est le Verbe de ma vie,
c'est le Corps de mon Fils. ».
Tout est dit, tout est manifesté, tout est offert :
ce Fils venu du Père scelle une Alliance éternelle
et nous appelle à sa Lumière.

Dernier mot

Lumière en notre monde,
gloire à toi, **Seigneur,**
notre Sauveur et notre Dieu !

Vraiment, il est juste et bon,
… de t'offrir notre action de grâce,
… Seigneur, Père très saint,
Dieu éternel et tout-puissant.
Car la révélation de ta gloire
s'est éclairée pour nous d'une lumière nouvelle
dans le mystère du Verbe incarné.

Maintenant, nous connaissons en lui
Dieu qui s'est rendu visible à nos yeux,
et nous sommes entraînés par lui
à aimer ce qui demeure invisible…

Préface de la messe

Octave de Noël

Jésus, sourire de Dieu aux hommes

« Quand nous regardons un nouveau-né, nous sommes amenés à lui sourire, et si un sourire naît sur son petit visage, nous éprouvons une émotion simple, innocente. Nous aimons caresser les enfants, les faire sourire. L'enfant répond à notre regard, mais son sourire est beaucoup plus “puissant”, parce qu'il est neuf, il est pur, comme de l'eau de source, et il réveille chez les adultes une profonde nostalgie de l'enfance.

Cela s'est passé de façon unique entre Marie, Joseph et Jésus. […]

Jésus est le sourire de Dieu. Il est venu nous révéler l'amour du Père, sa bonté, et la première façon de le faire a été de sourire à ses parents, comme tout nouveau-né en ce monde. Et par leur grande foi, la Vierge Marie et saint Joseph ont su accueillir le message, ils ont reconnu dans le sourire de Jésus la miséricorde de Dieu pour eux et pour tous ceux qui attendent sa venue,…

Voilà, bien-aimés, nous aussi nous revivons cette expérience devant la crèche : regarder l'Enfant Jésus et sentir que Dieu nous sourit là, et qu'il sourit à tous les pauvres de la terre, à tous ceux qui attendent le salut, […]

… En contemplant la crèche, laissons-nous étonner par le sourire de Dieu, que Jésus est venu apporter. C'est Lui-même, ce sourire. Comme Marie, comme Joseph et les bergers de Bethléem, accueillons-le, laissons-nous purifier, et nous pourrons nous aussi apporter aux autres un humble et simple sourire.

Apportez ces souhaits chez vous à ceux qui vous sont chers, spécialement aux malades et aux plus âgés : qu'ils sentent la caresse de votre sourire. C'est une caresse. Sourire c'est caresser, caresser avec le cœur, caresser avec l'âme. »

François, *Vœux,* 21.12.2019

Jésus, joie du ciel sur la terre

Au cours de l'Octave de Noël, l'Église célèbre la fête de Saint Étienne, le premier martyr (26 décembre) ; puis la fête de Saint Jean apôtre et évangéliste (27 décembre), et la douloureuse fête des Saints Innocents, ces enfants martyrs, victimes de la folie du roi Hérode (28 décembre).

Autant de « phares » pour notre foi : en adorant l'Enfant de la crèche, nous contemplons le Sauveur du monde qui nous demande de Le suivre sur son chemin de Vie.

Jésus ne supprimera pas la souffrance et la mort... Mais, les prenant sur lui par amour pour tous les hommes, Il les vaincra, par sa Croix. Telle est la joie qu'il nous offre dès aujourd'hui : une Joie de victoire, la Joie plus forte que tout mal, la Joie qu'il nous faut annoncer au monde...

Veilleurs, bénissez Dieu dans la nuit,
il nous donne sa paix
Veilleurs, bénissez Dieu,
Élevez les mains,
Dans la nuit, bénissez sans fin.

1. Dans le silence,
Faites monter en vos cœurs,
La joie, la louange.
P 19-58

Vendredi 30 décembre 2022

La Sainte Famille

Si 3, 2-6.12-14
Ps 127
Col 3, 12-21
Mt 2, 13-15.19-23

**Puisque vous avez été choisis par Dieu,
que vous êtes sanctifiés, aimés par lui,
revêtez-vous de tendresse et de compassion,
de bonté, d'humilité, de douceur et de patience.**
Col 3, 12

Marie et Joseph ont dû fuir en Égypte en raison de la fureur d'Hérode qui « recherchait l'Enfant pour le faire périr » (Mt 2, 13). Ce faisant, ils demeuraient soumis à la Parole de Dieu qui avait averti Joseph en songe. Marie et Joseph ont toujours obéi à leur Dieu, même sans bien comprendre leur destin, mais en faisant confiance à l'Amour.

Saint Paul nous interpelle alors très directement : « Puisque vous avez été choisis par Dieu… », en effet, depuis notre baptême, puisque Dieu nous a « sanctifiés » et nous fait vivre de sa propre Vie, nous devons être dans le monde témoins de son Amour. Chacune, chacun de nous est responsable, là où il se trouve, et doit montrer l'Amour : tendresse, compassion, bonté, humilité, douceur, patience, pardon, etc.

C'est à ce comportement, au quotidien, que nous serons reconnus comme disciples et que discrètement mais sûrement, grandit le Royaume…

Au nom de l'Amour

Humble Visage de l'Amour,
gloire à toi, **Jésus Sauveur,**
notre Seigneur et notre Dieu !

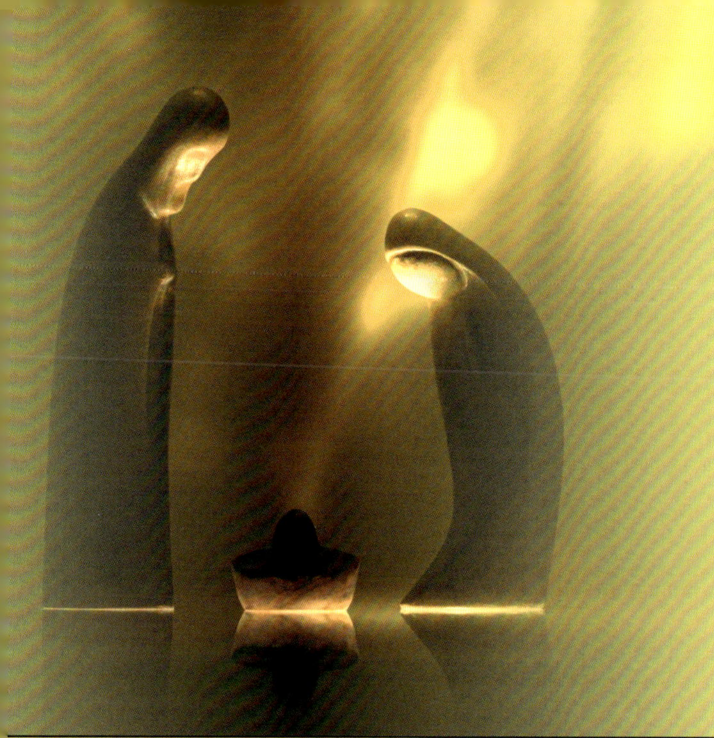

« … Allons au-delà des lumières et des ornements, qui sont beaux, contemplons l'Enfant. Dans sa petitesse, il y a Dieu tout entier. Reconnaissons-le : "Enfant, tu es Dieu, Dieu-enfant". Laissons-nous traverser par cet étonnement scandaleux. Celui qui embrasse l'univers a besoin d'être tenu dans les bras. Lui, qui a fait le soleil, a besoin d'être réchauffé. La tendresse en personne a besoin d'être choyée. L'amour infini a un cœur minuscule, aux faibles battements. La Parole éternelle est enfantine, c'est-à-dire incapable de parler. Le Pain de Vie doit être nourri. Le Créateur du monde est sans demeure. Aujourd'hui, tout est renversé : Dieu vient petit dans le monde. Sa grandeur s'offre dans la petitesse.

Accueillir la petitesse signifie une chose de plus : étreindre Jésus dans les petits d'aujourd'hui. C'est-à-dire l'aimer dans les derniers, le servir dans les pauvres. Ce sont eux qui sont les plus semblables à Jésus, né pauvre. Et c'est en eux qu'il veut être honoré. »

François, *Homélie*, nuit du 24 décembre 2021

« C'est dans la famille humaine, réunie par le Christ,
qu'est restituée "l'image et la ressemblance" de la Sainte Trinité (cf. Gn 1, 26),
mystère d'où jaillit tout amour véritable.
Par l'Église, le mariage et la famille reçoivent du Christ la grâce de l'Esprit Saint,
pour témoigner de l'Évangile de l'amour de Dieu. »

François, *Amoris Laetitia § 71*

Outre la liturgie, « la piété populaire est attentive aux événements de l'enfance du Sauveur, par lesquels il a manifesté son amour pour nous. ». Elle retient ainsi, de manière intuitive :

- La valeur de la « spiritualité du don de soi », qui est propre à Noël puisque « Un enfant nous est né, un fils nous est donné » (cf. Is 9, 5)
- Le message de solidarité apporté par l'événement de Noël : solidarité avec l'homme pécheur, manifestée en Jésus qui s'est fait homme « pour nous et pour notre salut », solidarité avec les pauvres, etc
- Le caractère sacré de la vie et l'événement merveilleux de chaque naissance
- Les valeurs de la joie et de la paix messianique auxquelles aspirent profondément les hommes de notre temps
- L'atmosphère de simplicité et de pauvreté, d'humilité et de confiance en Dieu, qui entoure la naissance de l'Enfant Jésus.

Il s'agit de veiller à ce que la tradition religieuse liée à cette solennité ne devienne pas une cible pour les opérations mercantiles de la société de consommation, et qu'elle ne subisse pas les tentatives d'infiltration du néopaganisme..

Directoire sur la piété populaire et la liturgie § 108 [Extraits]

Temps de Noël, mystère de la manifestation du Seigneur

Source éternelle, esprit d'enfance,
apporte au monde sa naissance :
en ton Amour tout est présence,
par toi le monde voit son Dieu,
en toi le monde devient Dieu.
Hymne, Liturgie des Heures

Samedi 31 décembre 2022

1 Jn 2, 18-21
Ps 95
Jn 1, 1-18

**Chantez au Seigneur un chant nouveau,
chantez au Seigneur, terre entière,
chantez au Seigneur et bénissez son nom !**
Ps 95, 1-2

Magnificat !
C'est le cri du cœur de la Vierge Marie,
le « oui » de son bonheur,
le grand merci qu'elle chante au Dieu qui l'a choisie.
Laissons-nous emporter avec elle et toute la Création,
chantons notre merci pour aujourd'hui
et pour chacun des jours de l'année qui s'en va…
Elle nous a donné des jours de joie et des heures de peine,
des matins de naissance et des nuits de la mort…
Avec l'Emmanuel désormais rendons grâce
et que viennent des jours de paix,
jours de lumière, jours d'amour.

Magnificat !

Nous sommes des enfants de l'amour,
nous sommes des frères de l'amour.
Nous sommes des hommes et des femmes de grâce.
…
Ne négligeons surtout pas de rendre grâce:
si nous sommes porteurs de gratitude,
le monde devient lui aussi meilleur,
peut-être seulement un peu plus,
mais c'est ce qui suffit à lui transmettre un peu d'espérance.
François, *Audience,* 30.12.2020 (extraits)

Dimanche 1er janvier 2023

Octave de Noël
Sainte Marie, Mère de Dieu
Journée mondiale de Prière pour la paix

Nb 6, 22-27
Ps 66
Ga 4, 4-7
Lc 2, 16-21

**Voici la preuve que vous êtes des fils :
Dieu a envoyé l'Esprit de son Fils dans nos cœurs,
et cet Esprit crie « Abba ! », c'est-à-dire : « Père ! »**
Ga 4, 6

C'est par l'Esprit Saint que Marie est devenue la Mère du Fils de Dieu, comme l'ange Gabriel le lui avait annoncé. Et c'est portée par cet Esprit qu'elle partit en hâte chez sa cousine Élisabeth. Une même allégresse emporta leur action de grâce, leur merci pour l'enfant que chacune portait.

Ce même Esprit nous est donné. Alors que nous cherchons des signes, Dieu nous donne la preuve de son amour pour tous les hommes : il met en nos cœurs cet Esprit qui fait de nous les enfants du même Père.

Si nous accueillons humblement cet Esprit en nos vies, nous sommes filles et fils avec Jésus qui nous donna Marie pour Mère. La fêter en ce jour, c'est lui demander d'intercéder pour que tous les hommes connaissent la joie de se savoir aimés et deviennent artisans de paix.

Ô Marie, Mère de Dieu, Mère des hommes,
intercède pour nous,
que grandisse en nos vies le Prince de la paix,
que fleurisse la Terre de justice et d'amour.

Par l'Esprit de Dieu

**« Il y a une “architecture” de la paix
où interviennent les diverses institutions de la société,
chacune selon sa compétence,
mais il y a aussi un “artisanat” de la paix
qui nous concerne tous. »**
François, *Fratelli tutti § 231*

Dieu est la source et l'origine de toute bénédiction:
qu'il vous accorde sa grâce,
qu'il répande sur vous sa bénédiction en abondance
et vous maintienne en bonne santé tout au long de l'année.
• Amen.
Qu'il garde intacte votre foi,
qu'il affermisse votre espérance,
qu'il vous donne de persévérer jusqu'au bout
dans une patiente charité.
• Amen.
Qu'il dispose en sa paix vos jours et vos actes,
qu'il exauce vos prières ici et en tout lieu,
et vous fasse heureusement parvenir à la vie éternelle.
• Amen.
Et que la bénédiction de Dieu tout-puissant,
le Père, et le Fils, et le Saint-Esprit,
descende sur vous et y demeure toujours.
• Amen.

Missel romain – Bénédiction solennelle pour le commencement de l'année

Ô Christ, né parmi nous dans l'humilité,
prince de la paix, conseiller merveilleux,
étends au monde entier le règne de la paix.

Office divin

Dimanche 8 janvier 2023

Épiphanie

Is 60, 1-6
Ps 71
Ep 3, 2-3a.5-6
Mt 2, 1-12

Nous avons vu son étoile à l'orient
et nous sommes venus nous prosterner devant lui.
Mt 2, 2

L'Évangile de ce dimanche n'est pas seulement la belle histoire des rois mages à raconter aux enfants. La Parole de Dieu, aujourd'hui, vient bousculer nos vies ! « Debout, …resplendis ! », « Tous, ils se rassemblent », « Toutes les nations sont associées au même corps », voici le temps de la justice et de la paix.

Mais comment accueillir le salut sans en éprouver le désir ? Comment s'émerveiller de ta Présence, Seigneur, sans prêter attention aux signes que tu nous donnes ? Comment repérer l'étoile brillant à l'Orient si nous restons les yeux baissés, pleurant nos peines ?

Aujourd'hui, Seigneur notre Dieu, prends-nous par la main,
renouvelle notre regard, fais nous marcher vers toi
en allant vers nos frères et sœurs :
c'est chez les plus petits que nous pourrons te reconnaître.
En eux tu manifestes ta bonté, ta grandeur.
Gloire à toi qui nous guides en chemin.

Un signe dans le ciel

Paix pour les nations,
Étoile de la joie,
Nous t'adorons, **Seigneur Jésus**

« Les Mages se sont mis en chemin en regardant une étoile
et ils ont trouvé Jésus.
Ils ont beaucoup marché.
Aujourd'hui, nous pouvons suivre ce conseil :
regarde l'étoile et marche.
Ne cessez jamais de marcher,
mais n'oubliez jamais de regarder l'étoile.
C'est le conseil d'aujourd'hui ;
il est fort:
regarde l'étoile et marche,
regarde l'étoile et marche. »

François, *Angelus,* 6 janvier 2022

Tu es la vraie lumière. jaillie dans notre nuit,
printemps de notre terre. c'est toi qui nous conduis.
Tu es le beau visage, clarté dans le matin.
D'un radieux message, nous sommes les témoins.

D 86 bis

Le jour de l'Épiphanie, après le chant de l'Évangile,
le diacre peut proclamer la date de Pâques et autres fêtes mobiles de l'année :

Noveritis

Novéritis, fratres caríssimi…

« Vous le savez, frères (et sœurs) bien-aimés :
à l'invitation de la miséricorde de Dieu,
nous nous sommes réjouis
de la Nativité de notre Seigneur Jésus Christ ;
de même, nous vous annonçons
la joie de la Résurrection de notre Sauveur.

Le Mercredi des Cendres,
commencera l'entraînement du Carême le 22 février.

Vous célébrerez dans la joie la sainte Pâque
de notre Seigneur Jésus Christ le dimanche 9 avril.

L'Ascension de notre Seigneur Jésus Christ sera fêtée le 18 mai.

La Pentecôte sera fêtée le 28 mai.

La fête du Corps et du Sang du Christ aura lieu le 11 juin.

Le dimanche 3 décembre sera le premier dimanche de l'Avent
de notre Seigneur Jésus Christ,
à qui soient l'honneur et la gloire, pour les siècles des siècles. » - Amen.

Lundi 9 janvier 2023

Le Baptême du Seigneur

Is 42, 1-4.6-7 ou Ac 10, 34-38
Ps 28
Mt 3, 13-17

« Jésus vit l'Esprit de Dieu
descendre comme une colombe et venir sur lui.
Et des cieux, une voix disait :
'Celui-ci est mon Fils bien-aimé,
en qui je trouve ma joie.' »
Mt 3, 16-17

« Celui de qui vient tout baptême est venu au baptême
et s'est manifesté au Jourdain.
[...] Les armées célestes restaient silencieuses ;
l'Époux très saint descendit dans le Jourdain ;
baptisé, il en remonta aussitôt
et sa lumière rayonna sur le monde.
Les portes du ciel s'ouvrirent
et la voix du Père se fit entendre :
Celui-ci est mon Fils bien-aimé,
en qui j'ai mis tout mon amour (Mt 3,17).
Allons, tous les peuples, adorez-le !
Les assistants demeuraient stupéfaits d'avoir vu l'Esprit
descendre pour rendre témoignage (cf. Jn 1,32-34) au
Christ.
Gloire, Seigneur, à ton Épiphanie, qui nous réjouit tous !
Dans ta manifestation, c'est le monde entier qui a
resplendi. »
Extrait d'une *Homélie* de St Ephrem (IVe siècle), *Hymne 14*

Parole de joie

Au signe de l'étoile succède le signe de la Parole :
la voix du Père nous fait reconnaître son Verbe devenu chair.
En Jésus notre Sauveur, nous sommes nous aussi
les enfants bien-aimés en qui le Père trouve sa joie.
Garde-nous, Seigneur, dans ta joie.
Aide-nous, à ton exemple, à faire le bien
pour que grandisse ton Royaume.

Jeudi 2 février 2023

Présentation du Seigneur au Temple

Ml 3, 1-4 ou He 2, 14-18
Ps 23
Lc 2, 22-40

L'enfant, lui, grandissait et se fortifiait, rempli de sagesse, et la grâce de Dieu était sur lui.
Lc 2, 40

La fête de ce jour nous rappelle un signe essentiel du Seigneur, l'Enfant de la crèche en qui Syméon reconnaît le salut. Visage d'humilité, de pauvreté, de dépouillement, Enfant qui nous apprend à Le voir « dans les frères et sœurs les plus nécessiteux ». Le message est clair : « Dieu se présente ainsi, dans un enfant, pour être accueilli dans nos bras. Dans la faiblesse et la fragilité, se cache son pouvoir qui crée et transforme tout. » (François, *Admirabile signum § 3 et 8*).

« En naissant dans la crèche, Dieu lui-même commence la seule véritable révolution qui donne espoir et dignité aux non désirés, aux marginalisés : la révolution de l'amour, la révolution de la tendresse. De la crèche, Jésus a proclamé, avec une douce puissance, l'appel à partager avec les plus petits ce chemin vers un monde plus humain et plus fraternel, où personne n'est exclu ni marginalisé. » *(Ibid. § 6)*.

Le signe de l'enfance

« La célébration liturgique de Noël n'est pas seulement un souvenir, mais elle est surtout un mystère; elle n'est pas seulement mémoire, mais également présence. Pour saisir le sens de ces deux aspects inséparables, il faut vivre intensément tout le Temps de Noël comme l'Église le présente. Si nous le considérons au sens large, celui-ci s'étend sur quarante jours, du 25 décembre au 2 février, [...] précisément par analogie avec le temps pascal, qui forme une unité de cinquante jours, jusqu'à la Pentecôte. [...] La manifestation de Dieu dans la chair est l'événement qui a révélé la Vérité dans l'histoire. » Saint Léon le Grand s'exclame: « Le fils de Dieu... s'est uni à nous et nous a unis à lui de manière à ce que l'abaissement de Dieu jusqu'à la condition humaine devienne une élévation de l'homme jusqu'à la hauteur de Dieu » (*Sermon sur le Noël du Seigneur* 27, 2).

Benoît XVI, *Audience*, 5 janvier 2011